समर्थ स्वर

संतमणि झा

सन्मति

Title: Samarth Swar
ISBN: 9789390539345
Author : Santmani Jha
© Neelmani Jha

प्रकाशक
सन्मति पब्लिशर्स
बी-347, संजय विहार,
मेरठ रोड, हापुड़-245101 (उ0प्र0)
Website: www.sanmatiindia.com
Email: sanmati555@gmail.com
प्रथम संस्करण : फरवरी 2024

Print & Published by:
Tingle Books, Hapur

अनुक्रमणिका

सरस्वती वंदना

वीणावादिनी, हंसवाहिनी, कंठ माल विभूषिणी।
कमलासिनी, वेदधारिणी, वर्ण ज्ञान प्रदायिनी।

नीलनयना, जगदम्बिका, स्वर्ण मुकुट धारिणी।
हे ब्रम्हसुता, न्यायरक्षिणी, अन्याय विनाशिनी।

जय वेदवेत्ता, महाश्वेता, पद्मासना माँ शारदे।
विद्यादेवी, महागिरा, अम्बे ज्ञानपुञ्ज विधात्रे।

त्रिलोकिनी, वीणापाणि, गिरी शिखर वासिनी।
ब्रम्हकन्या, बागीश्वरी, त्रिदिव आसन विराजिनी।

ब्राह्मी, भारती, सुरतरंगिनी, सहस्त्र नाम धारिणी।
तमसो माँ ज्योतिर्गमय, हे सर्व भक्त उद्धारिणी।

सागर

मेरी अनंत गहराइयों की तलहटी छानता है दिवाकर।
प्रिय सरिता से आलिंगन की बाट जोहता हूँ निरंतर।
मेरे मंथन से ही निकले, विष अमृत के घट बनकर।
माणिक-मोती से सजा गर्भ, कहलाता हूँ मैं रत्नाकर।

मछुआरों का कर्मक्षेत्र हूँ मैं, असंख्य जलचर मेरे अंदर।
प्रचंड हूँ तो सुनामी हूँ, अनन्य शांत, स्थिर मेरा अंतर।
राह दी थी मैंने श्रीराम को धर्मयुद्ध की संज्ञा कहकर।
तटों का प्रक्षालन करता सदा, इस धरा का ताप सहकर।

वक्ष पर अपने जहाजों को ढोता है सागर।
कभी नमक, कभी तेल का सोता है सागर।
चाँद के आकर्षण से उठा ज्वार है सागर।
शांत हृदय में भँवरों का संसार है सागर।
अपनी धुन में लहरों का संगीत है सागर।
हर माँ की ममता में भरी प्रीत है सागर।
कविता की कल्पना की गहराई है सागर।
आँख का खारा पानी, लाज का है सागर।
मैं सागर हूँ, खुद में छिपे राजों का सागर।
मुझे समझ सके तो पाया गागर में सागर।

जज़्बा

कब सोचा कि इक ठोकर इतना समझदार बना लेगी
जमीर की जमीं को, डूबती नाव का पतवार बना लेगी

रस्ते में अजनबी से भी मिलिए मुस्कराते हुए, फिर तो
मंजिलें खुद मुसाफिर को अपना तलबगार बना लेगी

इक बाई ने हिस्से में चुना है, कभी रोटी, कभी छुट्टी को
बचा है गर जज्बा तो लम्हों को वह इतवार बना लेगी

फट जाये धरा, शिशुओं से छीन जाये, ममता की छाँव
वहशियों के बीच भी सीता, माँ का किरदार बना लेगी

सोचिए कि हम हैं इस जहां के, और ये जहां है हमारा
फिर सारी कौम, ये दुनिया, आपको परिवार बना लेगी

इश्क़

नजर से बदन तक पढ़ता है इश्क़
परत दर परत फिर चढ़ता है इश्क़

कह दिया उसने कुल्फी खाते हुए
जूठा खाने से जरा बढ़ता है इश्क़

बकायदा माटी होते, पाक इश्क़ में
यकीं की चाक पर गढ़ता है इश्क़

काफिर भी होता शामिल दुआ में
खुदा की सीढ़ी पर चढ़ता है इश्क़

वादों ख्वाबों को मुठ्ठी में दबाए रहे
रेत वक्त बनके, फिसलता है इश्क़

मिन्नतों से शुरू हो जिरह पे आये
यादों को लेकर भटकता है इश्क़

वफादारी समझते, गुजरी जवानी
बेवफाई से ही तो उतरता है इश्क़

बुजुर्गों ने भी चखा होगा जायका
तभी जमाने को खटकता है इश्क़

मुझ से पूछिए तो तजुर्बा लीजिए
जवां उम्र में, थोड़ा चलता है इश्क़

नादान इश्क़

गर पाक, तो समंदर माफिक हद में रहा है इश्क़
गर फरेबी, तो दरिया सा यहाँ वहाँ बहा है इश्क़

बस भी करो अब छोड़ो मुझे, जाने दो! क्या कहें!
पागल ने सोचा उनकी ना में शामिल हाँ है इश्क़

इक बार लिया था आगोश में, बेहोश है तब से
पलक झपकने के इंतजार की, इंतिहा है इश्क़

जब तलक सारे आसमानी ख़्वाब सिंदूरी न हों
तब तलक समझिए अभी नादान नन्हा है इश्क़

यकीं नहीं जाने का, पहलू में बोल गए है! तुमसे
पहलू बदल पूछते-कहाँ है इश्क़! कहाँ है इश्क़!

तुमने मुझको खो दिया है

तुम्हारी महफिल में आज मेरे दिल ने फिर रो दिया है
ये तुम्हारी बदनसीबी है कि तुमने मुझको खो दिया है।

कभी अल्फाज धुंधले हो जाते है कभी मेरी आँखें नम
पन्नों को जैसे तैसे सींच कर प्यार का बीज बो दिया है।

तुम अपने स्वभाव में थी, मैं वक्त के प्रभाव में शामिल
यादें बड़ी आग लगाती थी, सबको मैंने भींगो दिया है।

नाव के हिचकोले से सहमती, मेरे संग झील घूमती थी
वक्त की लहरों ने आज हमारी कश्ती को डुबो दिया है।

मुझ पर सरेआम इल्ज़ाम था पागल आशिक होने का
बेपरवाह शायर बनकर मैंने ये इल्ज़ाम भी धो दिया है।

कि नहीं?

इस मुलाक़ात ने कोई कहानी गढ़ी कि नहीं
सच बताइयेगा जनाब, शायरी चढ़ी कि नहीं

हिचकोले खाते रहे पैमानों की मझधार में
किश्तों में ही हो सही, दोस्ती बढ़ी कि नहीं

आप मिले तो, पन्ने खंगाल दिये सब हमने
आपने मेरी दिल की किताब, पढ़ी कि नहीं

इतना प्यार मिला कि शायद ही चुका पाऊँ
रंगीन पानी के पेंच से पतंगें, लड़ी कि नहीं

सपने सुनहले हैं, हौसला है औ जज्बातें हैं
मेरे माथे पर तजुर्बे की चाँदी, मढ़ी कि नहीं

शायर

शायर खुद इक बारूद का पलीता है
मर कर जीने का ये अलग तरीका है

हर शेर में कुरेद लेता है जख्म अपने
फिर तालियाँ बटोरकर उन्हें सीता है

लाद देते हैं महफिल में फूलदानों से
अंदर देखना कितना लुटा बगीचा है

अच्छे लगते है रिश्ते नमक की तरह
इसलिए घुटके वो आँखों से पीता है

लोग बिछाते ही रहे हैं रास्तों में काँटे
पर वो, पाँव के नीचे नर्म गलीचा है

खोल लो दरवाजे नहा लो रौशनी में
साथ उसके बस कलम का दरीचा है

रहम न खाओ, अदब से पेश आओ
सबका खुद का जीने का सलीका है

सबके दिलों में आतिश रहे

मुल्क के हर राजा की ख्वाहिश है कि, उनका एक वारिस रहे
क्या मतलब है उन्हें, वारिस लड़ मरें, या मुल्क लावारिस रहे

जात-पात, धर्म, बंटवारे, आरक्षण, फूट चाहे मसला कोई भी
हुक्मरान चाह रहे हैं कि, गद्दी बचाने को कुछ तो साजिश रहे

सुना था कौम सीखाती हमें, दीये जलाना अँधेरी चौखटों पर
ये चाहते है कि कौम के नाम पर, सबके दिलों में आतिश रहे

चाँदी के चम्मच मुँह में लेकर पैदा होने से अर्जमन्द कोई नहीं
तख्त बनाने वाले हथौड़े से मिलो, तो महसूस-ए-ताबिश रहे

है फक्र हमें बुजुर्गों पर, हमने क्या किया जिंदाबाद के सिवा
आदमियत जिंदा करें ताकि, आगामी नस्लों को नाजिश रहे

नक्शे की तस्वीर से कुछ हिस्से जो आपने बांटे हैं खैरात में
ना छीन सको लाहौर, लेकिन पंजाब बचाने की काविश रहे

जो डूब गया सो डूब गया, मैं पतवार पकड़ चुका कलम की
मेरी तमन्ना है यही की कल का खुर्शीद सौ टका खालिश रहे

खुदा हासिल नहीं सबको

तुम जुदा हुए, इस से ज्यादा गनीमत क्या होती
चलो माना बिक भी जाता तो कीमत क्या होती

अच्छा ही किया इंकार किया, मुलाक़ात के लिए
शायद वाकिफ होगी कि, मेरी नीयत क्या होती

सोहबत-ए-हुस्न ने ही बीमार बनाया है मुझको
जो पूछ लेती हाल चाल, तो तबीयत क्या होती

तुम्हारे पसंद के माफिक बदला खुद को, वरना
तौर-ए-जिंदगी की असली हकीकत क्या होती

सुना है इश्क़ होता अधूरा और है बवाल इतना
अंजाम तक जो पहुँचते तो मुसीबत क्या होती

तुम्हें माना खुदा मैंने, खुदा हासिल नहीं सबको
इससे अच्छी तुम्हारी दी हुई नसीहत क्या होती

फना था तब भी और अब शेरों में है जिक्र तेरा
गजल के सिवाये शायर की वसीयत क्या होती

प्रारब्ध

मैं
तुम्हारा नाम लेकर गाता रहा
तुम मेरी संज्ञा थी।
"मैं" और "तुम"
"उस" के भरोसे सब कुछ छोड़
कर रहे
"वे" ताने मारते रहे
"कब" कहाँ कैसे का सवाल
उमड़ता रहा
बदनाम रहा
पर तेरा सर्वनाम रहा।
शब्द ज्यादा हैं, डायरी छोटी है
तेरी विशेष बातें तो
लिखी भी नहीं जा सकती।
तुम... तुम मेरी पारखी आँखों का
अन्वेषण थी
सच पूछो तो, मैं क्या,
पूरी कायनात
तेरे हुस्न का विशेषण थी।
संज्ञा, सर्वनाम, विशेषण,
अब क्या लगा?
क्रिया भी बताऊँगा
जी नहीं,
क्रिया और क्रिया की विशेषता
रहने दीजिए।
सीधे-सीधे संबंध की बात करते हैं

तो सुनिए।
अच्छा ख़ासा हँसता खेलता

संबंध था
बाबूजी के रुपये फूंकने का
प्रबंध था
कसमों के सहारे,
जीने मरने का अनुबंध था।
ये प्यार का कच्चा चिट्ठा नहीं,
पूरा का पूरा निबंध था।

दिक्कत बस मुझे बस
"समुच्चय" से है
वो "मेरा" और "उसका" का
समुच्चय बनाते रहे।
मैं "उसका" और "उनका"
समुच्चय बनाता रहा।
जब अब है ही नहीं
तो अब अपव्यय कैसा?
अब सामना हो गया इक रोज
तो इसमें विस्मय कैसा?

मैंने कहा है
उनसे कि
सोच रहा हूँ
सब "भेदों" को
छोड़कर नये
जीवन का
प्रारब्ध करूँ।
पर उनकी
तमन्ना आज
भी यही है कि
मेरे गीतों का
शब्द बनूँ।

शोध

एक सिन्दूर की
"सीधी" रेखा
और...
उसके नीचे
ललाट पर...
"बिन्दु"
जैसी बिन्दी
दोनों मिलकर जताते हैं मुझसे
पल प्रतिपल
"विस्मय"
का बोध।

जिस तरह मेरी भृकुटियाँ
विस्मय में रहती हैं
क्या उसी तरह...
उसके कपोलों पर,
नहीं बना होगा?
प्रश्न चिन्ह?
या,
नहीं किया होगा...
प्रतिरोध।

या यह भी संभावित है
कि "विरोध"
अल्पविराम-सा
रहा होगा
हिचक हिचक के
रोया होगा
पर

अनसुना कर दिया
गया होगा
हर अनुरोध।

बूढ़ी होती
लचर अँखियाँ देख
हो सकता है
विवशता में
खोल दिया होगा
नवागंतुक के लिए
अपना अंक
अपना गोद।

झुकाव है
पर जुड़ाव नहीं
न जाने क्यों
"कोष्टक" जैसा
हो गया है
उनका
आमोद-प्रमोद
"तुम शब्द हो मेरे"
अगर इसे अब भी
ना समझोगी
तो जायज ही है
क्रोध।
जब तक समझ न लो
चलता हीं रहेगा
शब्दों पर
शोध।

कल्चर

घूँघट के बाहर, टखने से ऊपर, जब कभी कल्चर हुआ
सभ्यताओं का, नंगे शजरो-सा ही, पतन, अक्सर हुआ

गुदड़ी में सिमटी माँ है, और बेटे है, चलते एरोप्लेन में
भूल गए वो भाषाये अपनी, यूँ तरक्की का असर हुआ

नुमाइशों की थी भीड़, और तमाशबीनों की फौज भरी
आँख पर बंधी पट्टियों से, फैसला और भी बदतर हुआ

खत है इस दौर के, पढ़े-लिखे, जाहिल नुमाइंदों के नाम
नॉलेज और एजुकेशन का, ट्विटर पे कब टक्कर हुआ

फसलें कल पूछेगी हमसे, लहलहाये क्यों संस्कार बिना
कल की सोची जो हमने, आज फील कुछ बेहतर हुआ

कलमकार बोलेगा

जरूर सच का तलबगार बोलेगा
सब चुप हैं तो कलमकार बोलेगा

जिस किरदार की ना बारी आई
वो रुखसत हो बार बार बोलेगा

कितने लुटे हैं, कितना बचा बाकी
दीवारों पे चस्पा इश्तिहार बोलेगा

छील गयी जिस स्याही में उँगली
उस झांझर का तार तार बोलेगा

बंदिश-ए-दौर, चुनावी मौसम में
अपनापन यहाँ द्वार द्वार बोलेगा

वतन की बात पर सियासत नहीं
सदा सरहद का पहरेदार बोलेगा

शर्म तो आयेगी वहशियों को भी
जब आदमी का किरदार बोलेगा

न कहा जाए

छत जब तक न हो, तब तक घर को, घर न कहा जाए
जो हो गया दरख्तों से अलग, उसे शजर न कहा जाए

जिसने तराशा है तुम्हें, सिखाया है सलीका ज़िंदगी का
ज़ाकिर चाहता है, किसी खुदा को पत्थर न कहा जाए

पतंग कैसे उड़ाएँ भला, बड़ी इमारत की छोटी छत पर
असास भूलती हुई तरक्की को, मयस्सर न कहा जाए

ऊँची छत पर चढ़कर गैरों को कम आंकने वालों, सुनो
आदमी की भीड़ में वहशी हो उसे शहर न कहा जाए

सच कहा जाए, सच सुना जाए, खबर-ए-पयाम हो कि
सच बयां करती जुबां-ए-गजल को जहर न कहा जाए

एक साये में बसर, उपर खुला आसमां, तौर-ए-ज़िंदगी
दिल में दीवार पाले, पक्के घर को बेहतर न कहा जाए

पत्थर

नजरों का अंदाज बता देता है, कि कौन नजर अंदाज करता है
एक बार लगी, नजर के पार, फिर कौन उसका इलाज करता है

चिपक कर चूम लेते वो, आगोश में लेकर सागर थाम लेते हैं
झपट कर, दबोच शिकार का हश्र, जैसे शिकारी बाज करता है

वो पत्थर है, दिल उसका पत्थर, पर मैंने तो उसे माना रहबर
गलती है, भुगतनी है, मुहब्बत टूट के, कहाँ कोई आज करता है

वैसी जद से पहले, ऐसी हद से पहले, मासूम थे हम अच्छे भले
खबर है ये कि हरजाई, रकीबों को भी कहाँ नाराज करता है

उसमें कुछ बात तो होगी, तभी अरमान-ए-दिल का था मेहमां
चुभन तो है, पर काँटा बड़ी नजाकत से फूलों पे राज करता है

सितमगर से कह दो, रौशनी लाए तो कम लाए, बिन चकाचौंध
उकूबत के अँधेरे में, बेगानी यादों का जुगनू आवाज करता है

ख्वाहिश है इतनी, कि रहो नजरों के सामने, आखिरी सांस तक
बाद मौत के तो, शाहजहाँ भी मुमताज के नाम ताज करता है

रुक जाना एक नादानी है

ये जवां और हसीं जो जवानी है
खूं को भी समझती बस पानी है

मौका है ये, जो बच्चों का ख़्वाब
ये बुजुर्गों की अनकही कहानी है

जिम्मेदारी भी, खुशबू-ए-इश्क़ भी
ये आरजू की कशमकश पुरानी है

लहर मर गयी तो मर ही गए हो
ये मनचले लहरों की रवानी है

हौसलों की बुलंदी आसमां तक
पस्त होने की बात भी बेमानी है

मंजिल उफुक हो, पर मिलेगी ही
राह में रुक जाना इक नादानी है

बाजुओं में जोर औ चट्टानी इरादे
सुनहली मंजिलें मिल ही जानी है

उधारी इश्क़

सर पर चढ़ कर बोलती खुमारी है इश्क़
यूँ कहें हुस्नवालों की तरफदारी है इश्क़

आँखों से शुरू हो तो रूह तक असर हो
चुपके से लगे लाइलाज बीमारी है इश्क़

शिद्दत देखिए सबकी, प्यार को पाने की
जैसे बेपनाह सत्ता की दावेदारी है इश्क़

जीत का तिकड़म लगाता, दिल हार कर
सबकुछ हार के हँसता जुआरी है इश्क़

ज्यों ज्यों हों पुरानी बढ़ती और ज्यादा
जैसे साहूकार की बढ़ती उधारी है इश्क़

नजर के हो सामने, नजर कहीं जाए ना
नजरों की, नजरों पर पहरेदारी हैं इश्क़

नजरें, अदायें, हुस्न सब तो हैं कातिल
यूँ जनाजे की मुकम्मल तैयारी है इश्क़

अफसाना-ए-फलसफा से शायर जाने
नई उम्र की शातिर कारगुजारी है इश्क़

चेहरे को पढ़ के, सिला भी क्या मिला
पढ़ के भी हासिल बेरोजगारी है इश्क़

एक प्याली इश्क़

आँखों से शुरू हो गई तो दोनाली है इश्क़
आँसू हासिल तो जाम की प्याली है इश्क़

रूह का वादा करके वो जिस्म पे फना थे
हाथों में हाथ तो शोख-ए-मनाली है इश्क़

बेबाक हुस्न की परी, ख़्वाब महल सजाती
बचना मुश्किल, चौबंद मकड़जाली है इश्क़

फितरत लगभग एक सी औ हसरतें जुदा
पीने से मन भरा तो बोतल खाली है इश्क़

गुफ्तगू में मीठी बातों से खंजर था ओझल
"हट" को "हॉट" बोलती वो "बंगाली" है इश्क़

गुरु

गुरु ज्ञान का माध्यम, मध्य, तम और प्रकाश
गुरु सम्भव करते सपने, यदि निरंतर अभ्यास
गुरु शिष्य की परम्परा में, आदर है ध्यातव्य
समर्पण, मूर्ति पर कर धनुर्धर, बनता एकलव्य
सर झुका आशीष लें, करिए आप भी प्रयास
चन्द्रगुप्त को दीक्षा दे, चाणक्य बनाता इतिहास

जीवनपथ आलोकित हो, यदि पथ सुगम पाय
आधुनिक गुरुओं ने बनाया शिक्षा को व्यवसाय
शिष्य भी प्रणाम हैं भूले, चूल्हे में गया आशीष
दक्षिणा में अंगूठा नहीं, बस दे दो मोटी फीस
जिधर देखो भीड़ खड़ी है, बुद्धि गयी भरमाय
ऐसे गुरुओं से अच्छा है कि हम तो भैंस चराय

अदब से पेश आइये

किसने कहा जनाब से, मदद को पेश आइये
चाहत हमारी इतनी सी, अदब से पेश आइये

लगे कि, मदद से मैंने उसपर एहसान जताया
इंसान होने का लिहाज कर, खुदपे तैश खाइये

दरिया कब पूछे है, प्यासों का नाम और पता
दर्द समझिये सबका, दरिया-सा अक्स पाइये

नाज तो है उन्हें खैरात में नवाजिशें बाँट कर
बुजुर्गों का भी हाल पूछिए अपने देश आइये

आदमी के कुनबे में है तो जरुरतें लाज़िमी हैं
वो भी न पड़े शायद, अपनी पीठ थपथपाईये

"मदद" लफ्ज तोल लेता है चुटकियों में रिश्ते
चादर में पाँव रखके खुशियाँ मुकम्मल पाइये

भूल गए

सिलेंडर ले आये तो मिट्टी का चूल्हा भूल गये,
तिल के लड्डू, मक्के की रोटी, गुड़ की डलिया भूल गये,
सरसों तेल में लहसुन डाल, बूढ़े बाबा की सेवा किया करो,
अलाव जलाओ, आपसी समस्याओं पर चर्चा तो किया करो,
सियाचिन में माइनस चार पर फौजी कैसे रह लेते हैं?
बिना कम्बल,बिना घर, फुटपाथ के लोग ठंड कैसे सह लेते हैं?
नसों में, कलमों में वो गर्मी कहाँ! माहौल गन्दा हो गया है।
मौसम सर्द नहीं है, तुम लोगों का खून ठंडा हो गया है।
सर्दी में नहाने को असहिष्णुता समझते हो,
मंत्र स्नान, कौआ स्नान की परिभाषा गढ़ते हो।
मुझसे परेशान आत्मा वही है जो साहस खोती है,
ठंड वही है जो ऋतुराज वसंत का बीज बोती है।

निरपेक्ष

बोलियाँ हैं कई यहाँ पर जन गण मन सुर एक है,
विविधता में एकता शक्ति, राष्ट्र उदय की टेक है

मेरी तुम्हारी है नहीं, यह आदिपुरूषों की माटी है
वसुधा को परिवार मानता भारत की परिपाटी है

अलग अलग हों धर्म हमारे, पर राष्ट्रधर्म एक रहे
गद्दार हैं जो धर्म के नाम पर अपनी रोटी सेक रहे

सब प्राणी की एक सी आत्मा, कहा सब बुद्धों ने
गुटबाजी न जानते, गुटनिरपेक्ष रहते विश्वयुद्धों में

रंग,रूप, स्वाद, परिधान, संस्कृति के कई सापेक्ष हैं
कहलाते हैं राज्यों का संघ तन मन से निरपेक्ष हैं

शादी

आजादी ने कहा,
गुलामी की हलवा-पूरी है ख़ास,
पर मानो तो ज्यादा अच्छी है आजादी की घास।
गुलामी ने कहा,
तुम्हारी बात तो ठीक है कुछ हद तक,
पर बताओ ये आजादी की घास खाओगे कब तक?
आजादी ने कहा,
न समय का बंधन, न काम का
गुलामी की ज़िंदगी तो बेकार है।
गुलामी ने कहा,
आजादी ठीक है, पर रोटी तो चाहिए,
तुम्हारी जिंदगी का ही नाम बेरोजगार है।

आजादी ने कहा,
इन कवियों को देखो कितने स्वच्छंद, स्वाभिमानी है,
इनकी आजादी से तुम्हें क्या परेशानी है?
गुलामी ने कहा,
माना, कुछ कवियों की लेखनी पर सरस्वती का साथ होता है,
पर, कवियों की जनसंख्या बढाने में सरकारों का हाथ होता है।

सुनकर इनकी वार्ता का लोचा,
मेरे मन ने बहुत सोचा,

आजाद, बेकार, निठल्ले बैठने से अच्छा है कि कुछ अपना काम
बन जाये।
हम भी आजादी की ज़िन्दगी से त्रस्त हैं, शादी करें और गुलाम
बन जायें।

विश्वास

मन अडिग विश्वास भरा, पत्थर खुदा कहाय।
ज्यों टूटे विश्वास तो, सनम जुदा हो जाय ।।

प्रीत से बने मीत हैं, धन से बढ़े न प्रीत।
धन अनमोल रहे सदा, विश्वासी जिनके मीत ।।

प्रीत भरा विश्वास तो, सब अर्पण की छूट।
ज्यों डोरी कमजोर हो, भाई भाई फूट ।।

विश्वास प्रभु प्रेम में, मीरा का विषपान।
द्रौपदी चीर जो बचे, तो पूजूँ भगवान ।।

विश्वास सबल जब रहे, उससे मन की बात।
कह दे तो मान ले दिन, रात कहे तो रात।।

मन की आस दुनिया से तन की माया जोड़।
ज्यों टूटे विश्वास तो, उड़े पिंजरा तोड़।।

पूंछ न पकड़ो सर्प की, विषदंत करे वार।
छली, ढोंगी मनुष्य से, बैर भला न प्यार ।।

दिवाना

मुझसे तुमने कब कहा था पास इतना आने को
मन पतंगा मचल रहा था दीए में जल जाने को

अदा वफा खुशबू रंगत, तेरा हुस्न तुझे मुबारक
मैंने बस इजहार किया, रूह में उतर जाने को

प्यार की शतरंज चालें, मेरी समझ के बाहर हैं
मात खुद को कर दिया था, शह तेरा पाने को

पाना तुमको चाहता था खो के भी क्या मिला
मिला है सिला कि ये, कुछ भी नहीं गंवाने को

हर मर्ज की दवा तुम थी इसमें कोई हर्ज नहीं
अब बचे किस्तों में आँसू, प्यार के हरजाने को

खैर जो भी रहें हों वादें, यादें, औ तुम्हारे इरादे
जो भी आये, अरसा लगेगा प्यार मेरा पाने को

गम जिंदगी का हिस्सा है, पर तेरा गम है हसीं
काफी है शायरी जो देती वजह मुस्कुराने को

खाली था तो लिखा, समझ न लेना प्यार इसे
तुम भी जब खाली रहना, गा लेना तराने को

सुकून छीना और बिना लहू कत्ल भी किया,
अब याद न आओ तो राहत मिले दीवाने को

सिंदूर

चीथड़ों में लिपटी,
कड़ी धूप में
पसीने सुखाती,
एक मजदूरिन,
मजबूर है।
दो जून की
रोटी के लिए
तरसती है,
फिर भी
समझती है
कि
गरीबी
अब भी
उससे दूर है।
क्योंकि,
उसकी मांग में,
दो चुटकी "सिंदूर" है।

लक्ष्य

मस्तक गर्व से ऊँचा हो,
विजय ध्वज हो हाथ में।
लक्ष्य को सर्वस्व समर्पित,
कर्मठता हो साथ में।

अध्ययन में हो घोर लगन,
एकाग्रता का वादा हो।
परिश्रम हीं देता है लक्ष्य,
अगर नेक इरादा हो।

भाग्य का छोड़ भरोसा,
खुद अपनी तकदीर बनें।
विवेकानंद को आदर्श मान,
हम भी कर्मवीर बनें।

आत्मविश्वास, सत्यनिष्ठा से,
युवाशक्ति की ज्योति प्रखर।
संकल्पित, धैर्य धारण किये,
नव लक्ष्य की ओर अग्रसर।

आईना सच बोलता है

आईने अगर बोल पाते,
यकीन मानो सब उसे तोड़ जाते!
सुना है! आईना सच बोलता है,
आप कितना सच सुन पाएंगे?

वो सवाल करेगा!
क्या है तुम्हारा उद्देश्य?
खाना, कमाना और मर जाना!
कितने संकीर्ण हो गये हो!
सब के सब।
संस्कृतियों का लोप हो रहा,
मटियामेट होते धरोहर,
तुम परिवार तक को संयुक्त न रख सके,
वसुधैव कुटुम्बकम तो दूर की बात हैं!
सभ्यताओं को रख दिए हो ताक पर,
सियासत दल रही मूँग!
सब हो रहे संवेदना शून्य...
चरित्र परिधि पर खड़ा!
आप धारण करेंगे मौन या चुनेंगे तकनीक,
ये सुनकर क्या आप अपना सर धुन पाएंगे।
सुना है! आईना सच बोलता है,
आप कितना सच सुना पाएंगे?

अपनी नाकामी से तंग आकर,
आखिर आप आईना तोड़ेंगे!
हीरे की खनखनाती चकाचौंध में,

क्या आप आईने के यथार्थ
टुकड़े चुन पाएंगे?

सुना है! आईना सच बोलता है,
आप कितना सच सुन पाएंगे?

खंडहर-सा मकान

अपने शहर के बाहर एक खंडहर-सा मकान दे दो,
पिता-पति का नहीं मुझे बस खुद का नाम दे दो।
इस धरा का कोई पुल्लिंग, पर्यायवाची नाम नहीं,
फिर इस धरा पर मेरा करते क्यों सम्मान नहीं?
चाँद से तुलना करते सौंदर्य की, पर दाग लगाते हो,
मुझे बस सर उठाने खातिर थोड़ा-सा मान दे दो।
अपने शहर के बाहर एक खंडहर-सा मकान दे दो।

मैं नारी अबला नहीं हूँ पर, जीवन, बला समझ कर जीती हूँ,
पुरुष-प्रेम में मीरा बनकर, निःसंकोच निर्विरोध, विष पीती हूँ।
प्रेम मेरा रहा है निश्छल, शबरी बन राम को बेर खिलाती हूँ,
मुझे क्यों जलाते दहेज़ खातिर, मैं घर का दीप जलाती हूँ।
जलसमाधि ले लूँ मैं, या सीता सी धरती में समा जाऊँ!
इससे पहले जीने को मुझे खुला आसमान दे दो।
अपने शहर के बाहर एक खंडहर-सा मकान दे दो।

तरेरती नजरों और फब्तियों को देख-सुन कर बड़ी हुई हूँ मैं,
कितने निर्भया की कहानियों को सुन कर पली हुई हूँ मैं,
बच्चा पैदा करने की मशीन नहीं, पतवार हूँ रिश्तों की नाव में,
यदि मैं नहीं रही, उल्लू बोलेंगे, चमगादड़ दौड़ेंगे तुम्हारे गाँव में,
भीड़ की खामोशियों में हमारी चीख कोई क्यों नहीं सुनता!
बस दामिनी के हत्यारों से मुझे त्राण दे दो।
अपने शहर के बाहर एक खंडहर-सा मकान दे दो।

बात अभी तो बाकी है

कुछ कहता हूँ कह लेने दो, बात अभी तो बाकी है।
आखिर सावन कब आएगा, बरसातें तो बाकी है।

चाँद-चकोरी रहती है वो, घनी अकेली रातों में,
आओगे कब मुझसे मिलने, पूछती है सब बातों में,

चंचल-चकोर चितवन मेरा, प्रीत बड़ी जज्बाती है।
कुछ कहता हूँ कह लेने दो, बात अभी तो बाकी है।

घर में भरा घोर अँधेरा, अंदर गहन उजाला है।
अंदर बैठा है चोर कोई, घर के बाहर ताला है।

माटी-माटी खुशबू उसकी, वो तो मेरी साकी है।
कुछ कहता हूँ कह लेने दो, बात अभी तो बाकी है।

खुले नभ के परिंदो जैसा, एक ही छत बसेरा है।
कैसा लगता वो जब कहती, जो मेरा वो तेरा है।

चल पड़ा है प्रेम का राही, मिलाप हीं तो बाकी है।
कुछ कहता हूँ कह लेने दो, बात अभी तो बाकी है।

वो अपनी सी है अपना लो, हुक उठी थी कोने से।
जो बीत गई सो बात गई, क्या होगा अब रोने से।

यूँ तो मैं भटका राही था, हृदय बना संतापी है।
कुछ कहता हूँ कह लेने दो, बात अभी तो बाकी है।

वो निर्मल गंगा जल जैसी, मैं सागर खारा पानी।
गंगा भी मिलती सागर से, सहज गर्व का हूँ सानी।

यादें आती जब भी उसकी, आँखों भी भर आती है।
कुछ कहता हूँ कह लेने दो, बात अभी तो बाकी है।

गणतंत्र

वंदे मातरम् पर बहस करके क्या मिलेगा?
हम "गण" जाग गए तो विश्व हिलेगा।
अपना ऐतिहासिक गणतंत्र कहीं न बने 'गन' तंत्र
देश सर्वोपरि हो और रहे वसुधैव कुदुम्बकम् का मंत्र।
न्याय निष्पक्ष हो पर क़ानून की आँख पर पट्टी न रहे,
कुछ महलों में रहने वाले 'गण' चाहते हैं झोपड़पट्टी न रहे।

मंत्री जी के सुपुत्र को देखा है जाते फौज में?
देकर शहीद को मुआवजा रहते हैं मौज में।
फौजी भारत माँ के आँचल का प्यारा लाल है,
भूलते क्यों हो आपका, उसका, सबका रक्त लाल है।
रंगों की इस पावन धरती पर रूप अनेक बसते हैं,
देश के पाखंडी लुटेरे धर्म विभाजन करते हैं।
केसरिया हिंदू का हुआ हरा इस्लाम रह गया,
दंगो के शहर में 'सफेद' शांति का निशान रह गया,
कोई अशोक के स्तम्भ से चक्र तोड़ कर लाओ,
तीनों रंगों को जोड़ कर तिरंगा फहराओ।

सबके झंडे अलग अलग डंडे बराबर मानिये,
अधिकार की बात बेशक करिये पर कर्तव्य भी जानिये,
विविधता में एकता की शक्ति हमारी पहचान बने,
सवा सौ कड़ोड़ जोड़ संगठित हिन्दुस्तान बने।

साकी

पत्थरदिल होने से क्या कोई खुदा हो जायेगा,
मिट्टी का तेरा हुस्न मिट्टी में ही फना हो जायेगा।

मेरे पहलू में गुम रहने वाले रहना संभल कर,
जमाने की भीड़ में कहीं तू गुमशुदा हो जायेगा।

मेरे इश्क़ की ताबूत में तू हीं है कील आखिरी,
जमाना जानता है तू उससे भी जुदा हो जायेगा।

मेरे लफ्जों को कभी एहसास कर के तो देखो,
दर्द-ए-दिल के मर्ज में दुआ औ दवा हो जायेगा।

साकी जैसी नजरों के अबके जाम नहीं पिला,
मैं जो बहका जरा सा फिर तू फ़िदा हो जायेगा।

जीत पाया नहीं

जीत पाया नहीं हूँ दुनिया को मैं,
तू मेरी दुनिया से कम तो नहीं है।
मुकद्दर चाहे हो छोटा सही पर हस्ती सिकन्दर से कम तो नहीं है।

इस दुनिया को, इस महफिल को छोड़, बड़ी दूर आया हूँ मैं।
चाँद तारे ला सकता नहीं, चुटकी भर सिंदूर लाया हूँ मैं।
मेरा हाथ थामों, मेरे साथ चल दो अपनी मंजिल कम तो नहीं है।
जीत पाया नहीं हूँ दुनिया को मैं,
तू मेरी दुनिया से कम तो नहीं है।

तेरा दामन थामूँ, तेरा साथ मांगू, बस प्रार्थना है प्रभु से मेरी।
दूर ना हों एक दूजे से हम... दुल्हन रहे तू हर जन्म में मेरी।
मिले थे कई-कई जन्म और ये कोई आखिरी जन्म तो नहीं है।
जीत पाया नहीं हूँ दुनिया को मैं,
तू मेरी दुनिया से कम तो नहीं है।

देख ले मेरी दिलरुबा कहीं प्यार पा के तेरी आँखे नम तो नहीं है।
जीत पाया नहीं हूँ दुनिया को मैं,
तू मेरी दुनिया से कम तो नहीं है।

बाकी है

असास क्या डोलते दिल-ए-ईमान का
जमीं में लहद का मकान बाकी है।

ये इब्तदा है या इंतहा जिंदगी की
अभी तो तजुर्बे की दुकान बाकी है।

नशा तुझमें इतना कि नाफ़िज आसमां,
नफा पर माँ की नब्ज निशान बाकी है।

नई सुबह हो फकत देर से हीं सही,
फजर की अदद सी अजान बाकी है।

बाजुओं में जोर और ये वक्त का मरहम,
बस हौसले की इक उड़ान बाकी है।

सियासत रंग बदलती है

मुहब्बत एक खुशबू है, हमेशा साथ चलती है।
जवानी वक्त का मरहम, उम्र के साथ ढ़लती है।

बचपन चूम कर बीता, जवानी झूम कर बीती,
बुढ़ापा घूम कर आया, यादें जेहन में पलती है।

तुम बदल गए, धीरे-धीरे यूँ सब बदल जायेगा,
गिरगिट शरमा जाये जब सियासत रंग बदलती है।

सहारा दे उस परवरिश को जो चलना सिखाते हैं,
वक्त के ढ़लान पर उम्र की गाड़ी कब संभलती है।

आग बुझ रही दिलों की यादों के अँधेरे दीये तले,
किस्मत चमकाने को जब हुकूमत राख मलती है।

कृष्ण

जो तुम आ जाते एक बार
नैना तुम बिन प्यासी रे।
कान्हा फिर से तान सुनाओ,
दूर हो सब उदासी रे।

अमन-चैन से दूत तुम्हीं हो,
महाभारत सजाते हो।
पांच लड़ाके सौ से भिड़ते,
जब तुम बिगुल बजाते हो।

इस धरणी पर कंस भरे हैं,
बुराइयाँ क्यों जीती है?
दु:शासन क्यों चीर हर रहे,
मीरा क्यों विष पीती है?

गीता में तुम बता गए हो,
जुल्म करे सो पापी है।
जो चुप रहकर अन्याय सहे,
घोर पाप का भागी है।

सुदामा को पुनः मित्र बना,
उन को गले लगा लो ना।
अमीर गरीब तेरे बच्चे,
क्यों है फर्क बताओ ना।

हे परमप्रभु करूणानिधान,
सब में प्रीत जगा दो ना।
फिर से धरा को ज्ञान देकर,
अंतर तिमिर भगा दो ना।

लाल

प्रेम, प्रणय, परिणय पावन, सबको जोड़े लाल,
सुहाग की सहज परिभाषा, सावित्री के डोरे लाल।

दुल्हन को शोभे लाल चुनरिया, बिंदिया साजे लाल।
मुस्काती होठों की लाली लाल, पंखुड़ी जैसे लाल।

सूर्य उदय तो भी लाल, अस्त हुआ तब भी लाल,
जो रहे एक-सा उदय-अस्त में, वही करे कमाल।

आरती की सजाओ थाल, भाल का तिलक लाल।
लाल रक्त रगों में जिनके, भारती के विजयी लाल।

कविता मोक्ष द्वार है

बात जो कह न पाऊँ, लबों तक ला न पाऊँ, हिय में जो रह गई,
सब स्याही में घोल दूँ।
ईश जो पूछे हो कौन, शब्द नहीं रहे मौन, खरे सोने का जौहरी,
कांसे भाव में तोल दूँ।
शब्द विचारों की शक्ति, बिन बोली अभिव्यक्ति, माँ शारदे की
है भक्ति, सरेआम मैं बोल दूँ।
अंतःकरण शांत होवे, लेखन विक्रांत होवे, सबका उत्थान होवे,
हित द्वार मैं खोल दूँ।

राजा रहे न फकीर, न रहेगा ये शरीर, शब्द वसीयत तेरी, अमीरी
का संसार है।
कुरीति पर वार हो, विश्लेषण हीं सार हो, नव चेतना जग में,
कविता का आधार है।
जो बिके वो लिखे नहीं, जो लिखे वो बिके नहीं, चौहान चूकना
नहीं, संबल पत्रकार है।
नौ रस का आभास हो, क्रांति का एहसास हो, सबका प्यार पास
हो, कविता मोक्ष द्वार है।।

माँ

आज फिर से अपनी ऊँगली पकड़ा दो न माँ
इस शोर में एक बार लोरी सुना दो न माँ

आरजू खुदा से बस यही कि फिर बच्चा बन जाता मैं,
लो तुम गोद में चंदा मामा दिखला दो न माँ।

अकेला डर जाता हूँ, शहर के भीड़ वाले सन्नाटे से,
मुझे तुम अपने आँचल में छुपा लो ना माँ

अरमान उड़ता है आसमानों में, कद फिर भी छोटा है,
मुझे तुम बस एक कौआ पकड़वा दो न माँ

चोट जले हैं सबके यहाँ, सब फूँक फूँक कर पीते हैं,
मेरी चोट को तुम फूँक मार कर उड़ा दो न माँ

रोज रंक राजा हो रहे, जो एक हीं राजा की कहानी,
तुम रोज कहती थी, फिर वही कहानी दुहरा दो न माँ

जी जान से कमाता घिसता हूँ फिर भी कम हीं लगता,
पापा से कहकर बस 5 रूपया दिलवा दो न माँ

काश! अगले जन्म मेरी माँ मेरी बेटी होती, सारा कर्जा उतार देता
ऐसी दुआ खुदा से दिलवा दो न माँ

प्रखर प्रतिभा पुञ्ज प्रज्ञा

संघर्ष से संकल्प शक्ति, संस्कार शब्द की संज्ञा हो।
परस्पर प्रेम की परम्परा, परिवार की परिधि प्रज्ञा हो।

शुचित सरस सौंदर्य शोभित, श्रृंगार की सार संज्ञा हो,
प्रयोग, प्रयत्न, परिणाम की प्रतीक प्रत्यक्ष प्रज्ञा हो।

साहित्य औ संस्कृति के समन्वय की संयुक्त संज्ञा हो,
प्रभु की कृपा से पूर्ण प्रखर प्रतिभा-पुञ्ज प्रज्ञा हो।

सभ्य समाज का समायोजन, सत्संग सानिध्य संज्ञा हो,
पुनीत पग की पथ प्रदर्शक, पारस की पर्याय प्रज्ञा हो।

सृजन सोपान की सौभाग्य स्तम्भ, स्वर्णयुग की संज्ञा हो,
परमात्मा के परिवेश में पुनर्जीवित पावन प्राण प्रज्ञा हो।

सहज स्नेह संबंधों के संपादन में सदा समर्थ संज्ञा हो,
पंक्ति-पंक्ति पदचिन्हों की पगडंडी, प्रशंसा पात्र प्रज्ञा हो।

माटी के दोहे

माटी की है देहिया, माटी पेट उपाय।
माटी पर चंदन घिसत, खुद माटी हो जाय।।

ढ़लती उम्र वेश्या की, कैसे पेट चलाय।
माटी अब मलीन भया, माटी मोल बिकाय।।

मूरत बने माटी से, माटी रही डराय।
माटी पूजे आप ही, माटी दीप जलाय।।

माटी बुझाय प्यास को, चाक रचे भगवान।
माटी से माटी बना, फिर माटी में प्राण।।

माटी देह अमोल है, माटी कह कह जाय।
माटी मोल न जानिहों, माटी में मिल जाय।।

मज़ा जीने का

चिड़िया उड़
घोंसला छोड़ कर
मिला के सुर।

भागमभाग
तिनका घोंसला का
पेट की आग।

नहीं है पता
पर्वत, शाखा, नदी
पाँव हैं कहाँ

बिजली तार,
सुखा देता है खून
देता है मार।

फालतू डर,
व्यस्त औ मस्त रह,
जाना है मर।

डर मौत का,
छीन लेता है यहाँ
मजा जीने का।

मृगतृष्णा

भूल कर द्वेष द्वंद, रोज रचो प्रीत छंद,
मुस्कान हो मंद मंद, ज्ञान पुंज व्याप्त कर।
बबूल सारे काट दे, फूल सबमें बाँट दे,
हृदय को तू डांट दे, पुण्य तू पर्याप्त कर।
तृष्णा मोह त्याग कर, अंगारों को राख कर,
प्राणियों में प्यार भर, दंभ को समाप्त कर।
मन मृग मार कर, सपने साकार कर,
मरीचिका भूल कर, मोक्ष मूल प्राप्त कर।

साम दाम दंड भेद, एक कर रक्त स्वेद,
स्नेह का अनुच्छेद हो तू भेद-भाव छोड़ दे।
हौसलों को उड़ान दे, लक्ष्य कर संधान पे,
खंजर को भी म्यान दे, पथ प्रभाव छोड़ दे।
धीर बन वीर बन, विदेह शरीर बन,
पंछियों की पीड़ बन, तू समभाव जोड़ ले।
माया, मृत्यु जाल है, जग जी का जंजाल है,
वश में तेरे चाल है, तू काल चक्र मोड़ दे।

वो जमाने के रिश्ते निभाता गया

वो जमाने के रिश्ते निभाता गया,
अपने जख्म खुद सहलाता गया।

सब खिलौना जानकर खेलते रहे,
टूटते दिल को भी बहलाता गया।

भूख लगी है पर छोटा भाई भी है,
वो घुटनों में ही पेट छिपाता गया।

वो तो है बदबूदार शराब की तरह,
बेवजह हर महफिल सजाता गया।

इश्क़ खुशी, सुकून सब बेच दिया,
बोटियाँ बची तो रोटी कमाता गया।

कब तक पीता जाम आँसुओं का,
मसलन खून में पानी मिलाता गया।

लोग जुबां से कील ठोकते हैं यहाँ,
वो खुद अपनी ताबूत बनाता गया।

जेब खस्ता हो गया

धीरे धीरे नए प्यार को अब एक हफ्ता हो गया,
दिल तो दे ही दिया था अब जान सस्ता हो गया।

भटकते जो हम उनकी गलियों में तो कूटे गए,
भाई से उनके पाला खुदा न ख्वास्ता हो गया।

वो बोली क्यों घूरते रहते हो बेवजह मुझे तुम,
झील सी आँखें दिल के नाव का रस्ता हो गया।

दिल तो रह गया था तुम्हारे दुपट्टे में उलझ कर,
पन्ने फाड़ खत लिखे अब खाली बस्ता हो गया।

तुम जो बच्चे को कहती हो कि मामा हैं तुम्हारे,
बच्चे ने माँगा जो चॉकलेट जेब खस्ता हो गया।

न जाने किधर गया

कोई शहर का शायर इक गजल तेरे नाम कर गया,
मतला बड़ा खूबसूरत था, मकते पर आके मर गया।

हर शेर में जिक्र तेरा ही था हुस्न-ए-चर्चा आम हुआ
पर नाम जो पूछा उससे, वो सीधा सीधा मुकर गया।

लोगों में नाम था उसका पर तेरे लिये बदनाम भी था,
बेवजह ही तुम्हारी खातिर, अपनों से वो लड़ गया।

वह बैठा रहा सुबह-ओ-शाम तेरे खत के इंतजार में,
डाँटा जो तुमने एक बार जोर से, शायर सुधर गया।

वो गजल गुनगुनाया करते और खुदा से फरियादें भी
ख़ोज के ला दो पागल शायर को न जाने किधर गया।

इंकलाब लिखता हूँ

अलीम नहीं हूँ मियां, बस अल्फाज़ लिखता हूँ,
असीरों के मर गये हैं वही जज्बात लिखता हूँ।

चराग जलाने गए थे वो जो अँधेरा निगल गए
सितारों के आगे चिरागों की औकात लिखता हूँ।

कितने रुमूज दफ्न हैं सीने में गिन के बताना जरा
कुछ बयाँ करूँ तुम्हें, दोस्तों की सौगात लिखता हूँ।

दो गज में निबट जाओगे अपने गुनाहों के ही तले
भले गर्द शेर, पर अपनी नजर से कायनात लिखता हूँ।

दाखिल होना मेरे शेरों के रास्ते से दिल में आहिस्ते,
मैं हुकूमत, दरिंदगी, के खिलाफ इंकलाब लिखता हूँ।

रविवार

परिक्रमा करते ग्रह और केंद्र में सूर्य, कहलाता है सौर मंडल
परिवार,
उसी तरह इर्द-गिर्द घूमते दिन और इनका मुखिया कहलाता
रविवार।

सोम तो चाँद का नाम है, इसके आकर्षण में चकोरी खो जाती
है,
ऑफिस जाने में सोमवार को रवि के आलसपन से देरी हो जाती
हैं।

'मंगल' की तरह चेहरों पर लाली, और "निकट" बुद्ध की तरह
शुद्ध,
यही दो दिन तो कार्यालय के लोग काम के लगते और दिखते
प्रबुद्ध।

वृहस्पति तो सबसे भारी ग्रह है, और सच में यह दिन भी भारी
है।
सबको लगने लगता जीने खाने को कार्यालय जाना लाचारी है।

शुक्र सबसे गर्म ग्रह, इस दिन दिमाग का भी लगभग यही हाल
होता है।
छुट्टी आने को है, सोचकर ठंडा हो जाता है, वरना ये बेहाल होता
है।

पांच दिन लगातार काम करके ज्यादातर के दिल दिमाग ऊब
जाते हैं,
और कुछ छुट्टे लोग "हाफ डे" को मद्यपान से "फुल नाईट" डूब
जाते हैं।

फिर आता है काम से घिसे लोगों के लिये इक सुकून का पल
रविवार।
पर वो क्या जाने भला इसकी अहमियत इसकी जो हो
बेरोजगार।

गृहणियों, किसानों और मजदूरों का इस छुट्टी से भला क्या
सरोकार।
काश उनकी जिंदगी में भी आ पाता कोई खाली सा प्यारा
रविवार।

तेरा पता बन गई

हया से झुकी पलके तो अदा बन गई
कली जो मिली सदक फिजा बन गई।

कहाँ थी रुकी वो प्यारी नशेमन परी,
निभाया जरा हमने तो वफा बन गई।

जहाँ कारवां है पर्दा खत्म हो वहीं पे,
हया की जवां फसलें सजा बन गई।

हया ही नज़ाफत ज़िया, रहे इल्म भी
निगाहें उठीं नादिम की खता बन गई।

नहीं है खूबसूरती को हिजाब जरूरी
सुना रो पड़ा कोई अंदर घटा बन गई।

बादलों में चाँद कभी दिखे! कभी फना
यही अदाएँ बारिश की छटा बन गई।

खुदा से पूछ ही लिया हया होती क्या
जबाब में मिला जो तेरा पता बन गई।

तुम पर इल्जाम नही होगा

पैमाना बना लो अश्कों का मेरे, पर वो जाम नही होगा,
कत्ल भी कर डालो मुझको, तुम पर इल्जाम नही होगा।

इतनी सी हकीकत है साकी, मैं तुझसे ही प्यार करता हूँ,
मेरे जाने के बाद तुम्हें, रत्ती भी हुस्न-ए-गुमान नही होगा।

तस्वीर बनाई थी सीने में, खैर शमशीर सीना चीड़ गई
हश्र कर डालो शायर का तुम, फिर वो बदनाम नही होगा।

दर ब दर भटकता था, पर तेरे कूँचे में बाल संवार लेता था
हर शेर में शायर मरता है, तुझ सा हंसी अंजाम नही होगा।

ताउम्र भूलने की काविश में, तुझे यूँही याद करता रहा,
बख्श ही दो उसकी जान को, इससे बड़ा ईनाम नही होगा।

छलक जाऊँ मैं वो जाम नही, मैं हलक से उतर जाऊँगा,
मेरे रिश्ते निभाने के तौर से दिल भी बेईमान नही होगा।

हाँ ये तो है कि दिल टूटने का सिलसिला बदस्तूर जारी है,
दुआओ में याद रखता हूँ पर दिल में इंतकाम नहीं होगा।

गुजरा ज़माना है इश्क़

सांसों से सांसों को मिलाना है इश्क़
उनकी आँखों का मयखाना है इश्क़

मेरी गजलों का कारखाना है इश्क
मेरे लिए तो गुजरा जमाना है इश्क

चुप रहकर भी वो शामिल गजल में
बोलती नजरों का नजराना है इश्क़

आँखों से आँखें चुराते थे अब तक
आँखों से नींदों को चुराना है इश्क़

भटक गया मैं उम्र की अठखेली में
जो डूब गए, उनका तराना है इश्क़

गुत्थी सुलझी नहीं, गलत मैं या वो
सुलझी लटों को उलझाना है इश्क़

गवां के सबकुछ, हमने इतना जाना
दिल की दुआएँ, बस कमाना है इश्क़

तन्हाई रूसवाई सबके सितम अलग
आपके ढीठपन का पैमाना है इश्क़

मयकदों में बेवफाई के किस्से सुनाये
पीने वालों का सिर्फ बहाना है इश्क़

खत पढ़ लेती तो, मंच से न गाता मैं
कभी पागल, कभी दीवाना है इश्क़

खुदा की हों दुआएँ, तभी हो हासिल
वरना, जरा बदनाम घराना है इश्क़

मेरे बदन पे इश्क का निशान न रहा
रूह कत्ल का तरीका पुराना है इश्क़

खुदगर्जी से शूरू तो मर्जी भी उनकी
दफ्न होने तक का अफसाना है इश्क़

नादानियों से ख्वाहिश हुई तवायफ
अपनी मैयत मनाने, बुलाना है इश्क़

कोई लुट जाता, कोई सब लूट जाता
शामिल, गिरोह-ए-नशाखुराना है इश्क़

भारत का वंदन

गाकर मातरम् वंदे, गणतंत्र भारत का वंदन करें।
शांति अहिंसा के दूतों का सहर्ष अभिनंदन करें।

जिसकी रक्षा में खड़ा है स्वयं सीना ताने हिमालय,
जिसके अंदर लाखों गिरिजा, मस्जिद औ शिवालय,
जिसकी गोद में बहती निरंतर गंगा औ कावेरी माँ,
लगा भाल पर देश की माटी, विजय का चन्दन करें।

यह महावीर, बुद्ध की धरती, उपजी वेद की ऋचा है,
परम शून्य के उपासक हमने भी एक शून्य रचा है।
हम वही हैं जहाँ के बच्चे सिंह के दांत भी गिने हैं,
आओ बाटें प्रेम की धारा, नए विश्व का सृजन करें।

जब जब देश पर संकट आया, बच्चा बच्चा बोला है,
"सुभाष" हैं सब फौजी वेश में, रंग बसंती चोला है।
"आजाद" जो आजादी खातिर स्वयं शहीद हो जाते हैं,
आओ वीरों को याद करें, गर्व भरा पुष्प अर्पण करें।

आज त्राहि मची हुई है चारों ओर आतंकी विस्फोटों से,
भारत माँ की छाती छलनी होती इन अधर्मी चोटों से,
'वसुधा है परिवार हमारा' हमने जग को सिखलाया है,
गाकर जन-गण-मन की भाषा पुनः एक चिंतन करें।

यह नश्वर शरीर

अन्तर्विश्व के उत्ताप की अग्निलताएं, आत्म औचित्य यक्ष प्रश्न,
विषम साइत के संदर्भ में
घन नील वसन निरभ्र व्योम से मार्तण्ड की आशा किरणें उतरें,
उपत्यवा के अंध गर्भ में।

तितिक्षा की पिपासा से आत्ममुग्ध, अमृतघट धारी दशानन रह न
सका दुर्धर्ष कभी।
क्षोभ को परित्यक्त कर स्वान्तः सुखाय से ऊपर बढ़ कर, मनुज
कर मनोनीत संघर्ष अभी।

अंतसमय किंकर्तव्यविमूढ़, जड़, तीर्थाटक, भक्त भी भला
आत्मवेदना कब सुन पाता है?
सिक्कों के कलरव में खोया चेतन, पद्मसंभव सा दिव्य ज्ञान
पुञ्ज कहाँ चुन पाता है?

संस्कारिक विस्मृतियों पर अट्टाहास करती अट्टालिकाएं,
कदाचित आत्मीयता और भी संकीर्ण हो।
आत्म साक्षात्कार कर भावों की प्रतिध्वनि को आकार दे, इससे
पहले कि यह नश्वर शरीर जीर्ण हो।

बना दूँ

लबों से कह न पाऊँ, आँखों को औजार बना दूँ।
"ऐसा मन" असरदार, फिर अपनी सरकार बना दूँ।

यूँ तो मुकम्मल जिंदगी रिश्तों की ईंटों पर है,
तुम जो मिल जाओ मुझे, फिर दीवार बना दूँ।

यूँ तुम्हारी सुर्ख लबों की सुर्खियाँ मुअज्जम हैं,
पढ़ने की चाहत है मुझे, कभी अखबार बना दूँ।

सुना है बड़ी बुलंद रहती हो, दिल-ए-मरीज नहीं,
पूछ कर हाल-चाल कभी तुम्हें बीमार बना दूँ।

मुझे पता है तेरे बारे में, आफताब की मशाल हो
खुद हीं जलेगा जमाना, तुम्हें हथियार बना दूँ।

यूँ तो मुंतजिर हैं सब मौत के साहिलों के यहाँ,
डूबना तेरी आँखों में मुझे, इसे मझधार बना दूँ।

काश! अगर मैं लड़की होती

काश! अगर मैं लड़की होती,
जेब में कभी न कड़की होती।
दीप जलाती या आग लगाती,
कोई चिंगारी तो भड़की होती।
बाबूजी हाथ पीले कर ही देते
होता व्यवस्थित जीवनयापन,
पेट की भागमभाग से अच्छा
नैया जीवन की सरकी होती।

इधर उधर खर्चे से तो अच्छा,
मैं थोड़ा कुछ श्रृंगार कर लेती।
यदि कम पड़ जाते पैसे तब,
किसी से आँखें चार कर लेती।
छरहरे बदन की रहती मैं गोरी,
और मरती ही ये दुनिया मुझपे
लड़के के मत्थे उधार चढ़ गया
लड़की तो सब उद्धार कर देती।

लड़की बनने में भी है दिक्कत,
हर तरफ पटे दहेज के डाकू हैं।
लड़का बनने में भी हुआ खतरा,
यहाँ तीन सौ सतहत्तर लागू है।
चिंता घरवालों की है बनी हुई,
वंश बढ़े भला तो कैसे बढ़े,
जब लड़का प्राइवेट में हड्डी घिसे
यहाँ म्यूनिसिपैलिटी का जादू है।

पर मुझसे ज्यादा कौन सुखी है,

सबकी पत्नी तो ज्वालामुखी है।
घर का चूल्हा फूँकते फूँकते हीं
अब इनकी ज्वाला मर चुकी है।
लक्ष्मी जो ले कर आये घर में,
तो वाहन भी संग ही है आना।
उल्लू बनाते थे जो शाखों को,
हर शाख पे कब्जा कर चुकी है।

लड़का चाहिए या उसकी कमाई
ये समझ सको तो संवेदन है।
सरकारी दामाद ढूढ़ते ससुरों से
याचिका या करबद्ध निवेदन है।
हो सकता है भाग्य में लिखा हो
ब्याह बाद ही कलक्टर बनना,
जानकारी के लिए बता रहा हूँ,
"रेलवे" का किया आवेदन है।

जूते की कथा

कल एक इष्ट मित्र के घर पर था निमंत्रण
तो हम भी ना रख सके स्वयं पर नियंत्रण
जाना भी उधर था और मिलने का प्रयोजन
मूल उद्देश्य था, बिना लिफाफा दिये भोजन
बाहर मुख्य द्वार पर टंगी थी एक तख्ती
जिस पर "न" मिटाकर की गई थी सख्ती
लिखा था "कृपया जूते चप्पल अंदर लेकर आयें"
पर हम तो सोच रहे थे की जूते लेकर कैसे जायें
खैर कुलीन वर्ग में शामिल हुए
खैर जूता उतार के दाखिल हुए
तख्ती से किसने की है शरारत, मित्र को देखते ही पूछा,
मित्र बोला मैंने ही मिटाई है, पहले पहन के आओ जूता,
तुरंत फिर उल्टे पाँव लौटा, जूता पहन के आया
पूछा कैसे हुआ ये उलटफेर ये तो बताओ भाया
मित्र बोला, भाई धीरज रखो सब बताता हूँ
घर में जूते लाने की व्यथा कथा सुनाता हूँ
हुआ था यूँ कि आया था एक मेहमान
खुद भी रईस था और ऊँचा खानदान
मेहमान ने उतारा अपने सर से बोझा
जूते के साथ ही उतारा अपना मोजा
मेरी समस्त इंद्रियाँ हुई जागृत स्वयंभू
पाकर मेहमान श्री के मोजे का बदबू
कमरे का पल में ही बदल गया था माहौल
मोजा उड़ा रहा था अगरबत्ती का माखौल
हें हें करता बोला- मैं तो यूँ हीं रेल की बोगी में जगह पाता हूँ
गाली देंगे और क्या पर रिजर्वेशन की लाइन से बच जाता हूँ
अभी तुरंत होगा ये माहौल पवित्र
अभी तुरंत लगाऊँगा मोजे में इत्र

फिर मेहमान बोले खींस निपोर कर आप कहें तो पाँव धो लूँ
मैंने कहा जल्दी से धो ही ले इससे पहले कि मैं आपको धो दूँ
खैर हुआ भोजन, फिर कहा मैंने-अब चलता हूँ मित्र
परमज्ञान की प्राप्ति हुई, जूता पहने रहकर रहे पवित्र

जब तुमसे मिले थे

ख़्वाबों में तुम, अब इस कदर घुले थे
दोनों आँख मेरे, सोने को तुले थे
क्या जानते प्यार! वो जो मनचले थे
हम भी थे नादान, जब तुमसे मिले थे
पूछो न हम, कितना! खुल के मिले थे
हम तुमसे खुले थे, हम तुम में मिले थे

तुम्हारी ही बातों ने, चमकीली रातों में
बड़ी मुश्किलों से, मैंने बत्तियाँ बुझाई
न जाने फिर भी क्यूँ तुम देती दिखाई
जुल्फें तेरी ऐसी, जैसे हो कोई बदरी
तू बलखाये ऐसे, जैसे छलकती गगरी
कभी मचल कर के, बहुत पास आना
माथे को चूम के, फिर भाग जाना
इठलाते बादल, और इठलाती चंदा
ख्वाहिश खुदा की, खुदा का बंदा
तुम्हें मैं सदा से, खुदा मानता था
औरों से तुमको, जुदा मानता था
हौले से कहा जब, तुमने कान में मेरे
बना कर अपने, मदहोश बाँहों के घेरे
कि कली को छूकर, तुम फूल कर दो
भला तुम्हीं कहो, कोई कैसे भूले
वो उजली रातें, वो सावन के झूले
तुम्हें गोद में ले, जब था मैंने झुलाया
सारे जहाँ के गमों को पल में भुलाया
तुम खिलखिलाये तो शुरू हुई बारिश
जैसे हो गगन से, धरा की सिफारिश
बादल की छमछम, पायल की रूनझुन

मिल कर बनाए दोनों, प्यारी-सी धुन
बदन के शोलों में, शबनम घुले थे
दरम्यान तेरे मेरे, सिर्फ बुलबुले थे

तुम चुलबुली थी, हम भी चुलबुले थे
फिर हुई बारिश, ख़्वाब सब धुले थे
ख़्वाबों में तुम, अब इस कदर घुले थे
दोनों आँख मेरे, सोने को तुले थे
क्या जानते प्यार! वो जो मनचले थे
हम भी थे नादान, जब तुमसे मिले थे
पूछो न हम, कितना! खुल के मिले थे
हम तुमसे खुले थे, हम तुम से मिले थे

हौसला है गर तुझ में तो

हौसला है गर तुझ में तो, तेरी मुट्ठी में है ये जहाँ
हों इरादे बुलंद तेरे तो फिर कदमों में है आसमां

माँ की ऊँगली पकड़ चलना सीखा वो उसका ममत्व है
गर्भ काल में माँ ने रखा हौसला, वो ही तेरा अस्तित्व है
अब युवा है तू, तुझे भान हो चुका है, अपने कर्तव्य का
तू सिपाही है अकेला जीवन डगर में, अपने गंतव्य का

चींटीयों से सीख ले तू, तोड़ हार का सिलसिला
हौसला है गर तुझ में तो, तेरी मुट्ठी में है ये जहाँ

जीत की हर पल कर हसरतें , तू कस कमर तैयार हो
हुनर जो बन जाये वजूद तेरा, हर स्वप्न भी साकार हो
गिरना संभलना तो पहलू है, तेरे विजय के अध्याय में
बस इरादा नेक रहे सदा और विश्वास प्रभु के न्याय में

शक्ति जान ले तो तय होता चुटकियों में फासला
हौसला है गर तुझ में तो, तेरी मुट्ठी में है ये जहाँ

श्रम की छेनी से भाग्य अपना, स्वयं सदा गढ़ते चलो
धैर्य धारण किये, मन में अडिग विश्वास ले बढ़ते चलो
लक्ष्य पर संधान करे जो उस तरकस के तुम तीर बनो
प्रतियोगिता की युद्धभूमि में, तुम अर्जुन कर्मवीर बनो

पत्थर की लकीर सा संकल्प ले बढ़ चले कारवाँ
हौसला है गर तुझ में तो, तेरी मुट्ठी में है ये जहाँ

हो मस्तक गर्व से ऊँचा और विजय ध्वज हो हाथ में

कर दे लक्ष्य को सर्वस्व समर्पित, कर्मठता हो साथ में
हौसला से ही दिव्य होती युवाशक्ति की ज्योति प्रखर
क्षितिज भी है पास ही यदि तू निरंतर पथ पर अग्रसर

जोश हो पर होश भी यही जिंदगी का फलसफा
हौसला है गर तुझ में तो, तेरी मुट्ठी में है ये जहाँ

सुनो, जो भी हो मेरे हृदय में

सबसे पहले मैं हूँ, मेरा बचपना,
चाहता हूँ सब झंझोड़ दूँ मैं।
यदि वश चले अंतस का मेरे,
सूरज की गर्मी निचोड़ लूँ मैं।
सदा आनंद मिलता है मुझे,
शब्दों का स्याही से विलय में।
सुनो, जो भी हो मेरे हृदय में।

पिता जिनके कन्धों पर हमने,
नभ को भी गोद लिया है।
वो परमपिता जिसने हमें,
अस्तित्व का बोध दिया है।
माँ, जिसने नाभि सूक्त सींचा,
प्राण भरे आलिंद निलय में।
हाँ, माँ-पिता-ईश बसे हृदय में।
सुनो, जो भी हो मेरे हृदय में।

भरत के गौरवशाली वंशज,
हम बड़े, इतिहास बड़ा है।
भारत को हमने सदा से हीं,
विश्वगुरु, सनातन पढ़ा है।
जन-गण-मन देश की माटी,
भाल पर चंदन हर विजय में।
हाँ, मातृभूमि मेरे हृदय में।
सुनो, जो भी हो मेरे हृदय में।

अन्तःहृदय प्रेयसी तुम्हारा,
छाँव तुम्हारी सप्तवर्णी।
मुझे आलिंगनबद्ध करो यूँ,
जैसे कीट को घटपर्णी।
जब थक-हार उद्विग्न होऊं,
इस जीवन चक्र के वलय में।
हाँ, प्रेयसी है मेरे हृदय में।
सुनो, जो भी हो मेरे हृदय में।

देख, वो भी तुझे छोड़ गयी,
अंदर तक जो झकझोर गयी,
तू धड़कता एक क्षण न सोया,
स्मृतियों में डूब कितना रोया।
सब मतलब के यार हैं समझो,
क्या रखा इस आडंबर प्रणय में?
सुनो, जो भी हो मेरे हृदय में।

जनता की निरीह संवेदनाओं पर
जो अधर्मी सियासत भारी है,
पानी बिक रहे बोतल में यहाँ,
खून पीने की बात हाहाकारी है।
पर मेरे भोले चंचल व्यथित मन,
कैसे जियें इस विषय समय में?
सुनो, जो भी हो मेरे हृदय में।

तुम खुश होना हृदय की निर्भया,
जब इन हत्यारों को फाँसी होगी,
खुश होना जब हर बालक भगत बने,
हर एक बाला जब झाँसी होगी।
गद्दारों से लड़ने को तत्पर रह,
सहयोग दे नव भारत उदय में।
सुनो, जो भी हो मेरे हृदय में।

तुम्हारी इच्छायें अनंत रही हैं,
सात सागर, ऊँचे नभ के पार,
संतोष का खजाना समझो प्यारे,
तब मुट्ठी भर में ही संसार।
अरमानों के सुर्खाबी पंख लिये,
कितने बह गए प्राणमलय में।
सुनो, जो भी हो मेरे हृदय में।

जो हित बसे हैं तुममें प्रिय हृदय,
उनका सदा ही सम्मान करना,
भावना उत्तुंग हो पर कोई प्राणी
आहत न हो कभी, ध्यान रखना।
छीन कर ले आओगे जानता हूँ,
पर शक्ति बड़ी अनुनय विनय में।
सुनो, जो भी हो मेरे हृदय में।

मैं भिज्ञ हूँ मेरे अक्षुण्ण हृदय,
इस पत्र पर चिंतन करोगे,
महत्वाकांक्षाऐं कुछ सिमित करोगे
स्वयं को स्पष्ट दर्पण करोगे।
सब बात समझ पाते तुम, ओह!
पत्र समर्पित हृदय को हृदय से।
सुनो, जो भी हो मेरे हृदय में।

तुम्हारे पत्र की प्रतीक्षा में
आशा भरी है इन चक्षुद्वय में
सुनो, जो भी हो मेरे हृदय में।

जीता हूँ बड़ा सादा

लोग पूछते खुशी का राज, मैं सच बोल देता हूँ
खुली किताब की मानिंद हूँ मैं पन्ने खोल देता हूँ
जो पाया यहीं से पाया खोया कुछ नहीं लेकिन
मैं हीरे को भी कांसे के ही भाव में तोल देता हूँ

जितना खाता हूँ, कमाता हूँ उससे तनिक ज्यादा
शह और मात करता हूँ, बनके अदना सा प्यादा
न दान करोगे, न भोग, तो नाश सुनिश्चित है प्यारे
सब कुछ लुटा के मैं जीवन जीता हूँ बड़ा सादा

महफिल-ए-रंग में रंगने को हर दीवार बाकी है
चहक जाता ऐसे मैं, जैसे उनका दीदार झाँकी है
मेरे मुस्कान से गुजरती हैं खुशियों की सड़क भी
खुश रहने की खातिर मेरी माँ का दुलार काफी है

सीधी बात करता हूँ, हर डर को मोड़ आया हूँ
अपनों की खुशी खातिर घर भी छोड़ आया हूँ
ऊँचा उड़ता हूँ उतना ही, जहाँ से जमीन दिखे
कदम बढाने के खातिर अपने पर तोड़ आया हूँ

संतोष ही हरेक खुशी का वास्तविक मूल होती है
ठोकरें खाने के बाद कहाँ कोई भी भूल होती है
जितना कर्म किया है दुआएँ मांगता हूँ उतनी ही
फिर सारी दुआएँ मेरी बिन बताए कबूल होती है

तू सफर में चल चला

तू सफर में चल चला चल, लक्ष्य तो अब पास है
जिंदगी की डगर पर तो, संग बस विश्वास है
तू सफर में चल चला...

आँधियां हो वक्त की जब, तू खुदा का नाम ले
पाँव जब भी लड़खड़ायें, हमसफर को थाम ले
तू रहना तब तक चलते, जब तलक ये साँस है।
तू सफर में चल चला...

मांगना ना बिन कर्म के, तू खुदा से मन्नतें
लगन से लकीर बदल दे, खुद बना ले जन्नतें
तू बना ले महल अपना, ख़वाब तो बस ताश है।
तू सफर में चल चला...

तू न डरना लहर से भी, दूर तट पर बैठ के
ढूंढ़ के मोती निकालो, सागर उदर पैठ के,
तब तक तुम हार न मानो, जब तक बची आस है।
तू सफर में चल चला...

गलतियां दुहरा कभी ना, जिंदगी की सीख है,
ठोकर खा सीख गया तो, मंजिलें नजदीक है,
हार कोसों दूर तुमसे, जीत की गर प्यास है,
तू सफर में चल चला...

मुँह पर ताले पग छाले, पर कभी रूकना नहीं,
आफत हो पहाड़ सी भी, तुम कभी झुकना नहीं
मुड़ कभी ना देखना तू, रच रहा इतिहास है।
तू सफर में चल चला...

देख साथी इस सफर में, छूट ना जाये कहीं,
जीत चाह लेकिन रिश्ते, टूट ना जाये कहीं,
जो चले साथ सब को ले, वो सफर तो ख़ास है।
तू सफर में चल चला...

क्यों नहीं करते

हवाओं को अपने साथ बहने का, इशारा क्यों नहीं करते
मिली हैं जो खुदा की नेमतें, उसमें गुजारा क्यों नहीं करते
मंजिलें रह गयी थी तुम्हारी, चंद कदमों के फासले पर ही
फिर इक बार पुरजोर कोशिश तुम दुबारा क्यों नहीं करते

जिंदगी की जंग बिना लड़े हुए, हार स्वीकारा नहीं करते
गम की बेखौफ आँधियों से तुम किनारा क्यों नहीं करते
संघर्ष तो पहलू है जीवन का, बस आँखों में चमक रखो
तारा टूट गया तो उसे उम्मीद का सहारा क्यों नहीं करते

चाँद के ख़्वाब छोडके, जुगनू को सितारा क्यों नहीं करते
गिरो उठो चींटी से सीखों, खुद में उतारा क्यों नहीं करते
यहाँ तो कई सिकंदर हारे हैं पोरस की उम्मीद किरणों से
सह कर ताप खुद को कुंदन सा निखारा क्यों नहीं करते

रह गयी खामी प्रयास में जो, उसे सुधारा क्यों नहीं करते
भाग्य का भरोसा छोड़, कर्म को संवारा क्यों नहीं करते
जीत के जश्न में पटाके हों, लेकिन हार पर बत्ती न बुझाओ
उम्मीद के चिरागों से हर तरफ उजियारा क्यों नहीं करते

अपने दुःख बाँट के, मेरी खुशी को तुम्हारा क्यों नहीं करते
हमसफर छूट गया सफर में, उसे पुकारा क्यों नहीं करते
खुल के जियो जिंदगी, मिला कर कदम क्षितिज पार तक
"तुम" को "मैं" में मिला कर इसको "हमारा" क्यों नहीं करते

तेरे मेरे प्यार की सागर जैसी कहानी है

तेरे मेरे प्यार की सागर जैसी कहानी है,
दोनों छोरों से मचलती अपनी ये जवानी है।

यादों से जो हिचकी उठे वो ज्वार बन जाये,
सागर से भी ज्यादा गहरा आँख का पानी है।

हर उफनती लहर मेरी धड़कन तुझे छू आती है,
टकराकर तेरे सांसों से फिर मुझ तक ही आनी हैं।

आसमां सागर के बीच से जब सूरज निकलता है
मुझे भी वैसी ही बिंदिया तेरे लिये लानी हैं।

चाहता हूँ समेट लूँ, सोख लूँ अपने अंदर,
पर क्या करे जब तुम्हारी हर बून्द रूमानी है।

पैमाना न बना है प्यार का न इसकी गहराई का
मय बना दो सागर को कि आज जाम छलकानी है।

कुछ ही दूर तो तुम चले थे हाथ मेरा थाम कर,
आज भी उस रेत पर तेरे पैरों की निशानी है।

नमक घुल गया है सागर में, जैसे रिश्तों में खटास,
इक लहर तुम बनो इक लहर मैं, दूरियां घटानी है।

जब प्रीत रूहानी है और तड़प सुनामी है अपनी,
तब इस प्यारे भंवर से भला क्या परेशानी है?

मैं तो अदना सा सिक्का हूँ

सुबह जो मैंने खिड़की खोली,
एक सिक्के सा सूरज था,
खिड़की पर पड़ा सिक्का धूप से मेरे चेहरे पर छाँव बना रहा था,
मुझे लगा कुछ कहना चाह रहा था।
सिक्का बोला तू लिख, मैं कहता हूँ-
मैं तो अदना सा सिक्का हूँ।

जीत भी मेरी, हार भी मेरी
चित्त भी मेरा, पट्ट भी मेरा,
दोनों मेरा हीं पहलू,
मैं तो अदना सा सिक्का हूँ।

जब दिल खोल लेता हूँ तो मैं हूँ-
खुदा के नाम पर चढ़ी भीख,
जब दिल दबा लेता हूँ तो मैं हूँ-
जिंदगी की गुल्लक में बचत की सीख,
समाज में कुछ बड़े नोट हैं,
सड़ जायेंगे, गल जायेंगे,
या कभी मध्यरात्रि में प्रतिबंधित हो जायेंगे,
और मैं,
मेरे बिना तो तुम्हारी दक्षिणा भी पूरी नहीं होती,
11,51,101... और जाने जाने क्या क्या,
तुम्हारे जन्मकाण्ड से लेकर लंकादहन काण्ड तक,
तुम्हारे हर पाप से लेकर हर जाप का,
छोटा सा कच्चा चिट्ठा हूँ।
मैं तो अदना सा सिक्का हूँ।

मैं हूँ खूंट से बंधी बूढ़े बाबा की आसक्ति,

या कहो,
मैं हूँ दानपात्र में पड़ी बड़े लोगों की भक्ति,
मैं तुम्हारे ताम्र युग से लेकर, कनिष्क की स्वर्ण मुद्राओं तक का गवाह हूँ,
मगर हमेशा से गरीबों की आह, और तुगलकों की वाह हूँ।
अरे! मैं सिक्के का ही स्वरूप हूँ जो हर रोज पूरब में निकलता हूँ,
और अपनी परिधि पर
भागती संस्कृतियों को देखकर हक्का-बक्का हूँ।
मैं तो अदना सा सिक्का हूँ।

बड़ा दुःखी हो जाता हूँ, जब कोई मेरे लिए गुलामी करता है,
और मेरे खोटे हो जाने पर मेरी हीं नीलामी करता है,
कभी हुकुम-सा,
कभी गुलाम-सा,
कभी मैं बेगम लालपान-सी, जोकर भी मेरा ही नाम,
कभी तुरूप का इक्का हूँ।
मैं तो अदना सा सिक्का हूँ।

मैं निरंतर जागृत, सोता रहूँगा

मैं सो कर ऊर्जा संचित करता,
जग की माया से वंचित रहता,
सब यहाँ बस अपना अपना देखें,
आओ सोएं कुछ बड़ा सपना देखें,
जग को मस्तिष्क में समोता रहूँगा।
मैं निरंतर जागृत, सोता रहूँगा।

जीवनवृत संस्मरणों को समेटा,
इंद्रियों को बाँध स्वयं में लपेटा,
काम, क्रोध, लोभ, मोह सब त्यागा,
जिसने त्यागा वह फिर नहीं जागा,
स्वयं को स्वयं में खोता रहूँगा।
मैं निरंतर जागृत, सोता रहूँगा।

जग के अकिंचन अंतर्द्वंद छेड़े,
बता, कौन जायेगा साथ में मेरे,
विस्मृतियों का सब अनुप्रास होगा,
तब दीर्घकालिक एक श्वास होगा,
चिरनिंद्रा में सदा सोता रहूँगा।
मैं निरंतर जागृत, सोता रहूँगा।

सिक्कों से शोर में कैसे निद्रा आस?
चिरनिंद्रा हीं एकमात्र सत्य आभास।
मैं सोया रहूँ पर नसों में लहर हो,
कवि मर जाये पर कविता अमर हो,
मैं सृजन का बीज बोता रहूँगा।
मैं निरंतर जागृत, सोता रहूँगा।

ॐ नमः शिवाय

शिव शंकर शंभू निराकार, है पूर्ण शून्य आकार।
शून्य से जन्मा, शून्य में समाहित, शून्य से संसार।

वही सौम्य है वही रौद्र है, वही सृजन वही संहार,
सबके अंदर स्वयं शिव बसे हैं, भौतिक पहलू पार।

ज्ञान का दूजा आयाम दिखलाता, शिव का त्रिनेत्र,
भौतिक आँखों की माया छोड़, दिखता अंत: क्षेत्र।

सोम नाम शिव औ चंद्र का, यह मद्य का प्रतीक,
महायोगी चंद्र धारण किये बैठे योगमुद्रा निर्भीक।

जीवन के पहलू तीन नोक पर दिखलाता है त्रिशूल,
इरा, पिङ्गला, सुषुम्ना जानो, यह जीवन का मूल।

ये तीन प्राणमय कोष, करें जीव प्राण का संचार,
"ॐ नम: शिवाय" के पाँच अक्षर, पंचतत्व साकार।

गले का सर्प विशुद्धि चक्र, सारे विष को शुद्ध करे,
गलत विषय के विष से बचें, अंतर्मन प्रबुद्ध करें।

जटा से निकली गंगा, जो स्वयं शक्ति के हैं स्वामी,
नटराज स्वयं डमरू बजाते, नंदी जिनका अनुगामी।

रूद्र, हर और सदाशिव, ये योगशक्ति का आयाम,
'अ' क्षर साधना शिव साधना, है बारम्बार प्रणाम।

धर्मपति

बदलने के लिये अपने खाने का जायका,
मैंने अपनी धर्मपत्नी को भेज दिया मायका।
ससुर जी ने किया दूरभाष,
बोले-अबे बिना बत्ती के अमाबास,
ये क्या महीने-दो-महीने की बेवफाई है?
चार-चार बच्चों के बाप हो पर कहती है मेरा बलम हरजाई है।

मैंने कहा-
प्रिय ससुरजी, सुनिये हमारी अर्जी,
आप तो जानते हैं, मेरा घर है छोटा
बड़े मुश्किल से पाता हूँ, राशन का कोटा,
आपके लिए आपकी लाडली तो हीरा है,
उसके लिए सारा राशन ऊँट के मुँह में जीरा है।
जिस दिन से आपने वो मनहूस खाट दिया हैं,
उसी दिन से आपने हमारे परिवार को बाँट दिया है,
अपना सुरसा जैसा मुँह खोलती है,
फिर बोलती है-
आप नीचे चले जाओ, मुझे दिक्कत होती है सोने में,
मेरे ऊपर गिरे नहीं, इसलिये पड़ा रहता हूँ कोने में।
जो भी कपड़ा सिलवा के लाता हूँ, तंग हो जाता है
कपड़े की नाप को देखकर दर्जी भी दंग हो जाता है,
बोलता है- आप तो यहीं पास वाली गली से आते हो,
आप कपड़ा क्या पूरा का पूरा शामियाना मिलवाते हो।
सब्जियां काट कर, पोंछा लगाकर थक जाता हूँ,
कोई काम के नहीं हो, सुन-सुन कर पक जाता हूँ।
मेरी रुसवाई का आलम आप क्या जाने,
मेरी कोई सुनवाई नहीं है,

मैं जानता हूँ, पूरी दुनिया में मेरी सूर्पनखा जैसी किसी की लुगाई नहीं है।
रही बात चार-चार बच्चों की,
तो कसम मेरी पुरानी गर्लफ्रेंड रज्जो की,
मैंने तो हमेशा ही माना है आपका कहना,
आप हीं ने तो कहा था-लाडो को कभी खाली पेट मत रहने देना।
तन्हाई का मजा आप क्या जानें, देखिए, कितने शान से खाट पर लेटा हूँ,
सासू जी का गुस्सा मुझ पर मत झाड़िये, मैं भी लगभग आप ही का बेटा हूँ।

ससुर जी बोले-गृहणी घर को स्वर्ग बना देती है,
मैंने कहा-वैसे स्वर्ग का क्या करूँ जब मुझे स्वर्गवासी बना देती है।
अब और मत चाटिये,
कृपया फोन काटिये
परसों श्रीमती पधार रही हैं, बेबस हूँ, कुछ कर नहीं सकता,
पत्नियों के अन्याय को बिल्कुल भी सह नहीं सकता।
मुझे कूटती है, फिर वही सहलाती है,
युगों से सुनती रही पति की, स्वतः धर्मपत्नी कहलाती है।

मुझे दिव्यज्ञान हो गया है-
आपस में लड़ने से जगहंसाई है,
"धर्मपति" बनने में क्या बुराई है?

कविता हूँ मैं, फरेब हूँ मैं

कविता हूँ मैं, फरेब हूँ मैं।
कोरी कल्पनाओं के आकाश में बड़ी पतंगें उड़ाते हो,
कभी चंदा से उसकी चांदनी, फूलों से खुशबू चुराते हो,
मुझे पाकर भावनाओं में, कभी गति लाते हो पतवारों में,
मुझे सोचते-सोचते डूबने लगते, नदी बीच मझधारों में।
मैं कल्पना, स्वयंमेव हूँ मैं।
कविता हूँ मैं, फरेब हूँ मैं।

वाहवाही लूटते हो जो तुम, बुद्धिजीवियों के मंच पर,
तालियाँ पीटते, सुनते हो तुम, खुद अपने प्रपंच पर,
रोटियों की प्रत्यक्ष चिंता तुम्हें भी खूब सताती है,
मुफलिसी में भी तुम्हें, बड़ी याद हमारी आती है।
कभी न भरने वाली जेब हूँ मैं।
कविता हूँ मैं, फरेब हूँ मैं।

तुम कौन हो, क्या हो? आईने से बेहतर जानती हूँ,
तुम्हारे नस-नस से वाकिफ हूँ, हर ज़र्रा पहचानती हूँ,
दुनिया की हर चिंता को तुम स्याही में भर लेते हो,
पर हर चिंता को चतुराई से मुट्ठी में कर लेते हो,
सरस्वती का पाजेब हूँ मैं।
कविता हूँ मैं, फरेब हूँ मैं।
अपनी डायरी को देखकर तुम्हें, जो सुकून मिलता है,
साहित्य के सागर में गोता लगा, जो जूनून खिलता है,
मैं नशा हूँ, तुम्हारे हर सुख-दुःख का हमदम हूँ,
लिखो, फिर लिखो, जितना लिखो उतना कम हूँ,
न सुधरने वाली एब हूँ मैं।
कविता हूँ मैं, फरेब हूँ मैं।
हर अक्षर ब्रह्म है और मैं ब्रह्मों का सम्मिश्रण हूँ,

जो भी कहती, मुँह पर कहती, भावों का मैं चित्रण हूँ,
मैं सभ्यता की परिभाषा, भाषाओं की आँख का पानी हूँ,
मैं हीं हूँ अंधे सूर की लाठी, मैं कबीर की अमृतवाणी हूँ।
सत्य से लबरेज हूँ मैं।
कविता हूँ मैं, फरेब हूँ मैं।

मुझमें कविता की है प्रकृति या यह प्रकृति ही कविता है,
कभी विचार उत्तुंग शिखर-से कभी कलकल बहती सरिता है,
संस्कृतियों का मापदंड है, ज्ञान का दीप जलाती है,
बाद सबके मरने के बस कविता हीं अमर रह जाती है।
आखिर शाश्वत परवेज हूँ मैं।
कविता हूँ मैं, फरेब हूँ मैं।

चंदा-सूरज

तुम चंदा हो... मैं सूरज हूँ।
तुमको सब सुंदर कहते हैं...

किसी गाँव की नुक्कड़ पे,
शाम के वक्त,
चार लोग मिलेंगे,
और कहेंगे कि,
आज की चाँदनी कितनी खूबसूरत है!
किसी मकान की छत पे,
प्रेम भाव से आलिंगन करते हुए प्रेमी जोड़े,
कहेंगे कि,
आज की चाँदनी कितनी खूबसूरत है!
कोई माँ अपने जिद्दी लाड़ले से,
लोरी गाकर खिलायेगी "चंदा मामा दूर के"
और कहेगी कि
आज की चाँदनी कितनी खूबसूरत है!

और मुझे,
सुनने को भी मिलता है तो बस यही,
आज की धूप बड़ी तेज है,
घर से नहीं निकला करेंगे,
या फिर लोग इंद्र देव की प्रार्थना में लगेंगे,
और मेरी हस्ती मिटाने की प्रार्थना करेंगे।
मैं जानता हूँ,
अपनी शक्तियों को,
इसका मुझे आभास भी है,
और दो बातें तो ख़ास भी है।
पहली ये कि,

मैं अविचल रहता हूँ,
अपने उदय पर भी उतना ही मुस्कुराता हूँ,
जितना अपने अस्त पर गुनगुनाता हूँ।
और दूसरी ये कि,
ये चाँद खूबसूरत भी है,
अदाएँ भी हैं,
कलाएं भी हैं,
तो ये भी आप जान लो कि वो खुद से नहीं, मुझ से ही रौशनी
माँग कर ये चांदनी है।

मैं जलकर भी चाहता हूँ,
वो जगमगाती रहे, उसकी छवि बने रहे,
लोग नासमझ रहें और
कुछ नादान लोग, यूँ हीं कवि बनें रहें।

बापू

गांधीवाद,
महज एक विचारधारा,
एक ढोंग मात्र,
उन गांधीवादियों के लिए,
जो,
खद्दर को छोड़कर,
किसी मामले में,
गाँधी नहीं हैं।

आइंस्टीन ने कहा था-
हाड़-मांस का बना कोई मानव,
ऐसा भी था,
जिसे,
आने वाली पीढ़ियाँ,
याद रखेंगी।

वो यादें
आज भी
जीवंत हैं,
खूँटी पर लटके खद्दरों में,
अनशन पर बैठी राजनीतिक टोपी में,
प्रतिमाओं में,
या फिर,
गांधीवाद के नारों में।

हमारे आदर्श "बापू"
आज संकीर्ण हो गए हैं
गांधीवाद से
या,
इसके विषाद से।

सच तो यही है कि,
गाँधी को छोड़कर,
कोई गाँधी नहीं है।

स्त्री शक्ति

"फुलझड़ी" मत समझो मुझे
मैं आतिश अंगारा हूँ।
"चाँद" कहना बंद करो,
मैं सूरज का फव्वारा हूँ।

मजे के लिए पटाका नहीं,
मैं सुलगती बारूद हूँ।
पत्थर पर लकीरों सा,
खुद अपना वजूद हूँ।

हर खंजर लग के मुड़ जाये,
हाँ! मैं वही ढाल हूँ।
खुद को खुद का जबाब देती,
हाँ! मैं वही सवाल हूँ।

बंदिश में मैं पली बढ़ी,
आँखें बंद नहीं हैं मेरी।
मांस के लोथड़ों के पुजारी,
'गिद्ध' से तुलना होगी तेरी।

कभी नजर मिला कर देखना,
इनमें कितनी भीषण ज्वाला है।
अपने वजूद को समझो पुरुषों,
मेरा गर्भ जन्म की प्रयोगशाला है।

मैं कहे, बिन कहे,

लफ्जों के एहसास में हूँ।
मैं युगों से एक,
"आदमी" की तलाश में हूँ।

हमारा सशक्तिकरण कर चुके,
अब नजरों पर लगाम बाकी है,
शर्म से डूब मरने को,
तुम्हारी आँख का पानी काफी है।

माताओं को नमन

माँ, शब्द है, माँ कविता की हर एक पांती है।
माँ, मेरे पथ को रौशन करती, दिए की जलती हुई
बाती है।
माँ, माँ दांत काट लेने पर चिहुंकति, दूध की कटोरी है।
माँ, माँ चन्दा-मामा दिखाती, गाती बच्चे की लोरी है।
माँ, बच्चे को कौआ पकड़ाती, भागती, अनन्तस्फूर्ति है।
माँ, ममता की मंगलमयी, निः स्वार्थ, जीवनदायनी मूर्ति है।
माँ, माँ भावना है, माँ जननी है, माँ भवानी है।
माँ, थपकी देकर सुलाते बच्चे की कहानी है।
माँ, बच्चे को चोट लगने पर प्रेम का फूँक है।
माँ, आँगन में आनंद में किलकारी करते बच्चे की पहली कूक है,
माँ, माँ डर लगने पर छिपाता हुआ आँचल का कोर है।
माँ, गोधूलि है, सवेरा है, अँधेरे-उजाले के बीच की डोर है।
माँ, गला सूखने पर हाथ बढाए पानी का लोटा है।
माँ, माँ 'गलती' है जो समझाती है दूसरों को कि 'अभी छोटा है'।
माँ, विचार है, माँ संस्कार है, माँ छाप है,
माँ, खुद से नापते बच्चे के 'कद' का माप है।
माँ, घर से निकलते हुए खिलाते शगुन का दही है।
और जन्म देने वाली माँ को जानने के लिए एक जन्म पर्याप्त
नहीं है।
माँ, माँ तपस्या है, त्याग है, अनुष्ठान है।
माँ, हमारे नाभि सूक्त को पिलाया हुआ प्राण है।
माँ, पीड़ा है, माँ आँसुओं की वेदना है।
माँ अनकहे विचारों की संवेदना है।
माँ जल है, माँ जीवन है, माँ रोटी है,
माँ है तो ये दुनिया बहुत छोटी है।
माँ प्रेम है, माँ आशीष है, माँ ममता है,
माँ है तो किसी में भी जग जीतने की क्षमता है।

माँ अक्स है, माँ आईना है, माँ समर्पण है,
माँ के चरणों में मस्तक, मन में स्नेह अर्पण है।

माँ आती है तो अक्सर बचपन की ओर गमन करता हूँ।
मैं अपनी कविता से विश्व की सब माताओं को नमन करता हूँ।

इन्सान हूँ मैं

इन्सान हूँ मैं ।
जानता हूँ, सिर्फ दो गज मेरा है,
थोड़ा नीयत से बेईमान हूँ मैं ।
लड़ता हूँ मैं इंच भर जमीन को,
पर ऊँचे चाँद की उड़ान हूँ मैं ।
इन्सान हूँ मैं ।

हथियारों से यदि प्रेम तुम्हारा,
तो दोधारी कृपाण हूँ मैं ।
यदि आओ निहत्थे रणक्षेत्र में,
तो विषैली जुबान हूँ मैं ।
इन्सान हूँ मैं ।

ना मिले मुझे तो हाथ पसारूं,
मिल जाये तो अभिमान हूँ मैं ।
रोटियों के लिए बोटियाँ भी,
भला जीते-जी कुर्बान हूँ मैं ।
इन्सान हूँ मैं ।

ज्ञानी हूँ तो गीता की अमृतवाणी,
महावीर, बुद्ध का ज्ञान हूँ मैं ।
अज्ञानी हूँ तो फिर नागासाकी,
हिरोशिमा में उठा तूफान हूँ मैं ।
इन्सान हूँ मैं ।

काम, क्रोध, लोभ, मोह मुझमें संचित,
जानबूझकर बड़ा नादान हूँ मैं।
होठों को सिल कर रखने वाली,
फरेबी, मनगढंत मुस्कान हूँ मैं।
इन्सान हूँ मैं।

चौरासी लाख योनियों में सर्वोत्तम,
अदनी-सी, पर, सख्त जान हूँ मैं।
प्रकृति के चक्र-कुचक्रों का,
बड़ा सहज अभियान हूँ मैं।
इन्सान हूँ मैं।